DER NEUE
KINDER
KOSMOS

Tiere im Regenwald

Wolfgang Hensel · Hildburg Thiemeyer

Tiere im Regenwald

Franckh-Kosmos

4 Liebe Kinder,

dieses Buch führt euch in den tropischen Regenwald Südamerikas. Dort gibt es keine Jahreszeiten. Ein Tag ist genauso schwülheiß, regenreich und feucht wie der andere. Pflanzen und Bäume wachsen zu einem dichten und üppigen Urwald heran, in dem viele verschiedene und ungewöhnliche Tiere leben. Einige davon werdet ihr ganz genau kennenlernen. Auf den großen farbigen Illustrationen könnt ihr sie gut sehen. Ihr erfahrt, wie sie leben, was sie fressen und wer ihre Feinde sind. Vielleicht gelingt es euch, manche davon im Zoo wiederzuentdecken.

Die Pflanzen und Tiere des Regenwaldes brauchen sich gegenseitig. Sie bilden eine Gemeinschaft. Viele Tiere leben von Früchten, Blättern und dem Blütennektar der Pflanzen. Andere Tiere und Pflanzen sind echte Partner, die sich gegenseitig helfen. Und dann gibt es noch die Raubtiere, die ständig auf der Suche nach Beute sind. Ihr werdet auch erfahren, wie sich kleine Tiere vor diesen gefährlichen Räubern schützen.

Der Regenwald Südamerikas ist in großer Gefahr. Jeden Tag stirbt ein Stück davon. Die Menschen fällen Bäume, um Holz zu gewinnen, und schlagen große Flächen kahl. Darauf legen sie Felder und Viehweiden an. In vielen Gebieten der Tropen ist der Regenwald schon völlig verschwunden. Nur wenn der Urwald besser geschützt wird, bleibt die großartige Lebensgemeinschaft von Tieren und Pflanzen erhalten. Dann tummeln sich weiter die Affen in den Baumkronen, schleicht der Jaguar durch das Gebüsch und flattern die bunten Papageien zu den Früchten.

Inhalt

Im Dickicht der Baumkronen 6
Kolibris 8
Eine Lichtung im Regenwald 10
Der Jaguar 12
Tiere am Boden 14
Termiten 16
Der Wald auf dem Wald 18
Pfeilgiftfrösche 20
Nahrung im Überfluß 22
Brüllaffen 24
Kletterkünstler 26
Faultiere 28
Partner und Betrüger 30
Der Tamandua 32
Die große Überschwemmung 34
Der Zitteraal 36
Gut getarnt 38
Der Eulenfalter 40
Warnsignale 42
Die Anakonda 44
Täuschungsmanöver 46
Gürteltiere 48
Tierkinder im Regenwald 50
Aras 52
Menschen im Regenwald 54
Fledermäuse 56
Kennst du die Tiere im Regenwald? 58

Kleines Lexikon 61
Register 63

Im Blätterdach der Bäume hangelt sich ein Klammeraffe mit Hilfe seines Greifschwanzes geschickt von Ast zu Ast

Ein Tapir schaut vorsichtig aus seinem Versteck. Am Boden des Regenwaldes wimmelt es von Termiten und Blattschneiderameisen. Würmer durchwühlen abgestorbene Pflanzenteile

Kleines Lexikon

Auf den Seiten 61 und 62 gibt es ein kleines Lexikon, das Wörter, die in diesem Buch vorkommen und die du vielleicht noch nicht kennst, erklärt.

Der Grünflügelara beobachtet aufmerksam seine Umgebung

Register

Auf der Seite 63 gibt es eine Liste von wichtigen Namen und Begriffen, die in diesem Buch vorkommen. Sie sind nach dem Alphabet geordnet, damit du ganz schnell und gezielt die Buchseite finden kannst, auf der mehr darüber steht.

Im Dickicht der Baumkronen

Die Sonne über dem Regenwald am Amazonas bleibt unsichtbar hinter den Wolken. Trotzdem ist es heiß und schwül. Gerade hat es aufgehört zu regnen, doch schon bald wird der nächste Schauer herunterprasseln. Von allen Blättern tropft das Wasser herab.

Einige Forscher, die ihr Lager mitten im Wald aufgeschlagen haben, schauen nach oben ins dichte Blätterdach der Bäume. Im Regenwald wachsen auf einer Fläche in der Größe von zwei Fußballplätzen 15mal mehr Baumarten als in ganz Deutschland. In einer einzigen Baumkrone leben Hunderte von Käferarten, Insekten und Kleintieren. Viele sind noch gar nicht bekannt. Der Boden und die Pflanzen im Regenwald enthalten nur wenige Nährstoffe, daher sind große Tiere selten.

Die Forscher wollen in die Baumkronen klettern und bisher unbekannte Pflanzen und

▲ Ein Forscher beginnt den schwierigen Aufstieg ins Baumgebirge.

Nur durch ein Seil gesichert, hängt ein Forscher über dem Abgrund. Er hält Ausschau nach seltenen Pflanzen und Tieren. ▶

Tiere finden. Wie Bergsteiger im Gebirge haben sie Seile gespannt und hangeln sich an einem mächtigen Baumstamm empor. Höher und höher geht die Kletterei. Der erste hat einen dicken Ast oben in der Baumkrone erreicht. Ein anderes Seil führt zum Nachbarbaum hinüber. Jetzt wird es gefährlich. Nur wer schwindelfrei ist, kann hier oben arbeiten. Angeseilt an einem Haken, gleitet der Forscher über die Baumwipfel. Er pflückt vorsichtig Blüten und Früchte, Käfer und Schmetterlinge. Später wird alles an ein Museum geschickt und untersucht.

◄ Die Arbeit eines Forschers im Regenwald ist gefährlich. Wer die Pflanzen und Tiere in den Baumkronen untersuchen möchte, muß klettern können wie ein Bergsteiger.

Ein winziges Tier schwirrt durch die Luft. Es bleibt vor einer Blüte stehen, und schon fliegt es weiter. War das ein merkwürdiges tropisches Insekt? Nein, das schillernde Gefieder verrät den Kolibri. Kolibris sind nicht nur die kleinsten Vögel der Erde, sondern auch Weltmeister im Fliegen. Ihre Flügel schlagen so schnell, daß nur ein Flimmern zu erkennen ist. Wer sich so viel und so rasch bewegt, muß sehr schnell atmen und braucht viel Nahrung. Um genügend zu fressen, fliegen Kolibris immer neue Blüten an.

Kolibris tauchen den Schnabel tief in den Blütenkelch. Ihre Zunge ist wie ein Strohhalm geformt. Damit saugen sie den Blütennektar ein, der viel Zucker enthält. Im Nektar schwimmen oft kleine Insekten. So fressen Kolibris gleichzeitig Zucker und Fleisch.

Die Form ihrer Schnäbel paßt genau zu einer bestimmten Blüte. Wenn der Kolibri Nektar trinkt, bleibt Blütenstaub an seinen Federn haften. Besucht er die nächste Blüte, streift er den Blütenstaub wieder ab. Blüten und Kolibris sind Partner: Die Blüte versorgt den Kolibri mit Nahrung, und der Vogel übernimmt die Bestäubung.

▲ Auf diesem Bild siehst du zwei Tiere, die sich nie treffen: eine Erdhummel und eine Prachtelfe. Die Hummel lebt bei uns, der Kolibri im Regenwald. Die Prachtelfe ist einer der kleinsten Kolibris. Sie ist nur wenig größer als die dicke Erdhummel.

Wußtest du, daß Kolibris wie Hubschrauber auf der Stelle und sogar rückwärts fliegen können?

▲ Wenn der Kolibri die Bananenblüte berührt, bleibt Blütenstaub an ihm haften.

Kolibris

(viele Arten)

Größe: der kleinste ist etwa 6 cm, der größte 21 cm groß
Nahrung: Nektar und kleine Insekten
Feinde: Raubvögel, Raubkatzen
Besondere Merkmale: Die Zunge wird beim Nektarsaugen zusammengerollt; manche können fast 100 km/h schnell fliegen; besuchen Blüten in einem festen Revier

In der Luft sind Kolibris besonders wendig. Daher entwischen sie oft ihren Feinden. Kolibris können aber nicht laufen. Die Kraft ihrer Beine reicht nur aus, um sich auf einem Ast festzuhalten und auszuruhen.

In den kühlen Tropennächten können die Kolibris nicht fressen und müssen Energie sparen. Dann senken sie ihre Körpertemperatur auf 18° Celsius ab und fallen in eine Kältestarre. Erst am nächsten Morgen, im warmen Sonnenlicht, wachen sie wieder auf.

Die Schnäbel der Kolibris sind meist lang und ganz verschieden geformt. Dieser Degenflügler hat einen stark gekrümmten Schnabel. ◄

▲ Wie ein Hubschrauber steht der Feuerkehlkolibri schwirrend in der Luft. Er taucht seinen Schnabel in die Blüte einer Passionsblume ein und trinkt Nektar.

Eine Lichtung im Regenwald

Ein Jaguar schleicht durch den Regenwald. Die Schatten der mächtigen Baumkronen tauchen alles in ein dämmeriges Licht. Von den nassen Blättern tröpfelt das Regenwasser herab. In der Ferne kracht und prasselt es laut. Ein riesiger, morscher Baum stürzt um.

Der Jaguar läßt sich nicht stören. Plötzlich wird es heller, er hat eine Lichtung erreicht. Hier scheinen die Sonnenstrahlen bis auf den Boden und lassen eine üppige Vielfalt von Kräutern, Palmen und Schlinggewächsen gedeihen. Die Pflanzen überwuchern jedes freie Fleckchen. Ihre Samen haben lange im Boden gelegen, erst im Licht keimten sie aus. Bald schon werden sich die ersten Bäumchen zum Himmel emporstrecken. Nach einigen Jahren spenden sie wieder Schatten. Dann kommt die Zeit der großen Urwaldbäume. Sie brauchen Schatten zum Wachsen, und das Blätterdach schließt sich wieder, bis der nächste Baum umstürzt

Ein Baum ist umgestürzt und hat eine Lichtung in den Urwald gerissen. Ein grüner Leguan sucht nach Insekten. Noch scheint er den Jaguar nicht bemerkt zu haben, der auf leichte Beute hofft. Zwei Tukane ruhen sich auf einer Liane aus. Bald werden sie wieder in die Baumkronen fliegen, um nach Früchten zu suchen. ▶

Der Ozelot ist ein kleiner Verwandter des Jaguars und wird etwa einen Meter lang. Mit seinem scharfen Gebiß reißt er die Beute.

Wußtest du,

daß Jaguare geschickte Angler sind? Sie schlagen mit der Tatze ins Wasser und schleudern die Fische mit einem kräftigen Hieb an Land.

Der Jaguar

Größe:	112–185 cm
	Schwanz 45–75 cm
Gewicht:	57–113 kg
Nahrung:	alle größeren Tiere
Feinde:	keine
Besondere Merkmale:	Einzelgänger; sehr stark; sie können selbst große Beutetiere wegschleppen

Die Nacht im tropischen Regenwald ist voller Leben. Alle nachtaktiven Tiere machen sich jetzt auf die Suche nach Nahrung. Auch der Jaguar ist unterwegs. Lautlos schleicht er durch den Urwald. Bald hat er ein geeignetes Versteck gefunden und legt sich gut getarnt auf die Lauer. Keine Bewegung entgeht seinem Gehör und den scharfen Augen. Wie alle großen Raubkatzen ist er ein gefürchteter Jäger. Seinem mächtigen Gebiß und den starken Tatzen widersteht kein Tier des Dschungels. Tapire und Wasserschweine, Faultiere und Leguane sind seine Beute. War die Jagd erfolgreich, schleppt er sie an einen sicheren Platz. Manchmal vergräbt er die Futterreste als Vorrat für später.

Jaguare sind gute Schwimmer. Mühelos durchqueren sie sogar größere Flüsse. Häufig halten sie sich in der Nähe von Gewässern auf. Dort fangen sie kleine Krokodile und Fische. Die Indios berichten, daß der Jaguar mit seinem Schwanz auf das Wasser tupft und so neugierige Fische anlockt. Mit einem kräftigen Hieb seiner Vordertatze schleudert er dann die Beute an Land.

Jaguarbabys kommen, wie alle Katzen, blind zur Welt. Erst nach 13 Tagen öffnen sie die Augen. Bei ihrer Geburt wiegen sie weniger als ein Kilogramm. Junge Jaguare bleiben etwa zwei Jahre lang bei ihrer Mutter. Nach drei bis vier Jahren sind sie ausgewachsen.

◀ Der Jaguar jagt in der Nacht. Am Tage ruht er sich aus. Liegt er träge auf einem Ast, sieht man ihm seine gewaltige Kraft kaum an. Dann ähnelt er einer schnurrenden Hauskatze.

Tiere am Boden

Im Regenwald gibt es keine Jahreszeiten. Die Blätter fallen das ganze Jahr über herab. Der tägliche Regen macht das Laub modrig, feucht und glitschig. Humus gibt es kaum, daher ist der Boden sehr nährstoffarm. Hier unten leben viele kleine Tiere. Blattschneiderameisen tragen abgeschnittene Blattstücke in ihr Nest. Termiten fressen alle Holzteilchen auf. Käfer und Regenwürmer durchwühlen die oberen Bodenschichten nach Nahrung. Herabgefallene Pflanzenteile und tote Tiere werden von Pilzen und Kleinstlebewesen gleich wieder zersetzt. Daher haben viele Bäume im Regenwald keine tiefreichenden Wurzeln. Ihr Wurzelgeflecht breitet sich flach über den Boden aus. Damit können sie Nährstoffe direkt an der Erdoberfläche aufnehmen.

▲
Überall im tropischen Regenwald gedeihen Pilze. Die Pilzfäden durchwachsen den modrigen Waldboden und zersetzen ihn. Andere Pilzfäden stehen in Verbindung mit Baumwurzeln und leiten dem Baum Nährstoffe zu. Dafür versorgt er die Pilze mit Zucker.

Eine Blattschneiderameise schneidet mit ihren scharfen Mundwerkzeugen ein Stück Blatt heraus. Dann trägt sie es zu ihrem unterirdischen Nest. Dort züchten die Ameisen Pilze, die von den zerkauten Blättern leben. ▶

Ein Tapir lugt aus seinem Versteck. Blattschneiderameisen schleppen, eine hinter der anderen, Blattstückchen in ihr Nest. Regenwürmer und Termiten durchwühlen den Boden. ▼

Mit seinen kräftigen Klauen hat der Ameisenbär einen Termitenhügel aufgebrochen. Er steckt seine lange Zunge in die Gänge und frißt Termiten, bis er satt ist. Kaum hat er sich entfernt, beginnen die überlebenden Termiten mit der Reparatur ihres Baus. Hunderte von männlichen und weiblichen Termiten-Arbeitern verschließen die Lücke. Als Baumaterial dienen Kot, Sand, Erde und Holzstückchen. Solange der Bau offen ist, können räuberische Insekten eindringen. Daher sichern Soldaten die Baustelle nach allen Seiten ab. In ihren riesigen Köpfen sitzen die Muskeln für die mächtigen Unterkiefer und eine Giftdrüse. Schon vor Jahren hatten eine Königin und ein König diesen Termitenstaat gegründet. Viele Generationen von Termiten haben einen neuen Termitenhügel gebaut. Erste Gänge lagen noch unter der Erde. Darüber entstand ein fester, stabiler Bau. Luftschächte, Gänge und Kammern durchziehen ihn. In der größten Kammer leben Königin und König. Die Königin legt Eier, aus denen sich Arbeiter und Soldaten entwickeln. Alle sind blind und erkennen sich nur am Geruch und durch Betasten.

Von Zeit zu Zeit entwickeln sich geflügelte Geschlechtstiere aus den Eiern. Sie verlassen den Staat, fliegen umher und lassen sich auf Zweigen oder dem Boden nieder.

Termiten

(viele Arten)

Größe: ein bis wenige Zentimeter
Nahrung: Holz
Feinde: Ameisenbären, räuberische Insekten
Besondere Merkmale: staatenbildende Insekten; bis auf die geflügelten Tiere sind alle blind

Haben sich ein Termitenweibchen und ein Termitenmännchen gefunden, werfen sie ihre Flügel ab. Die beiden suchen ein Versteck und werden Königin und König eines neuen Termitenstaates.

Im Termitenstaat gibt es geflügelte Geschlechtstiere (1). Daraus entwickeln sich Königin (2) und König. Aus den Eiern, welche die Königin legt, schlüpfen Arbeiter (3) und Soldaten (4). Soldaten übernehmen die Verteidigung. Sie haben eine Drüse am Kopf. Daraus spritzen sie bei Gefahr Gift. ▼

Kaum hat der Ameisenbär den zerstörten Termitenbau verlassen, sichern Soldaten die Baustelle ab. Arbeiter bessern die Schäden aus. Das Schirmdach ist heil geblieben. Der Regen kann ablaufen, und der Bau bleibt trocken. ▶

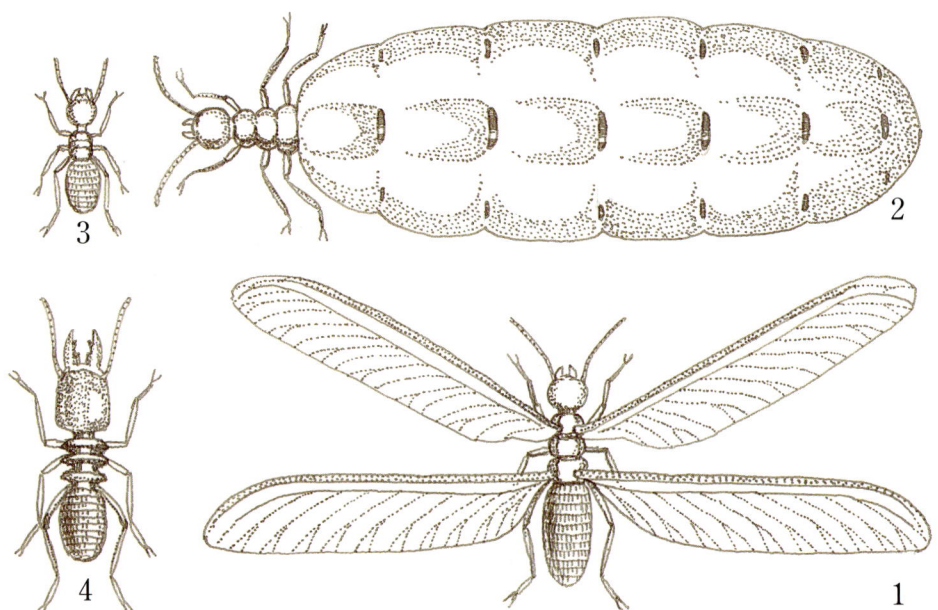

Wußtest du,

daß Termiten nur deswegen von Holz leben können, weil Kleinstlebewesen in ihrem Darm ihnen bei der Verdauung helfen?

Der Wald auf dem Wald

Im Regenwald wachsen Pflanzen nicht nur auf dem Boden, sondern auch auf den Ästen von Bäumen und Würgfeigen. In der feuchtheißen Umgebung wuchern alle möglichen Baumfarne, Moose und Flechten. Auch die Bromelien gehören zu den Aufsitzerpflanzen. In ihren großen Blatttrichtern sammelt sich das Regenwasser, und Frösche, Insekten und Eidechsen bewohnen diese Tümpel in schwindelnder Höhe. Schlangen, Fledermäuse und Spinnen jagen im Wald auf dem Wald nach Beute. Viele Tiere verlassen niemals ihren Lebensraum in den Baumkronen des Urwalds.

Ein Lebensraum im Kleinen: Frösche und Insekten leben im Bromelientümpel. Schlangen, Fledermäuse und Spinnen suchen dort nach Beute. ◄

Überall in den tropischen Regenwäldern der Welt wachsen die Würgfeigen. Zunächst setzen sich ihre Keimlinge auf Bäumen fest (1). Lange Luftwurzeln wachsen nach unten und verankern sich im Boden. Im Laufe der Jahre und Jahrzehnte umschlingen Zweige und Wurzeln der Feige ihren Wirtsbaum immer enger (2). Schließlich stirbt er ab. Übrig bleibt ein Feigenbaum (3). Darauf wiederum siedeln sich Bromelien und andere Aufsitzerpflanzen an (großes Bild). ▼ ▶

Konzentriert faßt der Indio sein Ziel ins Auge. Gleich wird er mit dem Blasrohr einen vergifteten Pfeil abschießen. ◀

Ein Indio auf der Jagd streift durch den Regenwald. Mit einem langen Blasrohr zielt er auf einen Papagei. Der Pfeil sirrt durch die Luft. Getroffen – Der Papagei stürzt zu Boden.

Seit Jahrhunderten wissen die Indios, wie man Pfeile vergiftet. Sie gewinnen das Gift aus Pflanzen und aus Pfeilgiftfröschen. In der Haut dieser Tiere sitzen Drüsen. Bei Gefahr sondern sie einen giftigen Schleim ab. Jeder Räuber, der den Frosch packt, verspürt widerliches Brennen und spuckt den Brocken sofort wieder aus. In Zukunft wird er diese auffallend gefärbte Beute meiden. Nur einigen Schlangen und Spinnen scheint das Gift nichts auszumachen. Sie können die Frösche gefahrlos fressen. Der Hautschleim schützt die Frösche aber nicht nur vor vielen Freßfeinden. Auf der glitschigen, feuchten Haut können sich nämlich auch leicht Krankheitserreger und kleinste Pilze einnisten. Das Gift tötet diese gefährlichen Schmarotzer, und die Haut der Frösche bleibt sauber und gesund.

Wußtest du,

daß die auffällige Färbung der Pfeilgiftfrösche mögliche Freßfeinde abschrecken soll?

Sicher angeklebt auf dem Rücken des Vaters lassen sich die Kaulquappen des Genetzten Baumsteigerfrosches in die Baumwipfel tragen. ▼

Pfeilgiftfrösche

(viele Arten)

Größe: 1,2 bis 5 cm
Nahrung: Insekten, Milben
Feinde: Schlangen, Spinnen
Besondere Merkmale: tagaktive Jäger; alle Arten sind auffallend gefärbt; sie bilden in der Haut ein tödliches Gift

Pfeilgiftfrösche gibt es in vielen Farben und Formen. Dies ist einer der seltenen Goldbaumsteigerfrösche.
▼

Baumsteigerfrösche gehören zu den Pfeilgiftfröschen. Zur Paarungszeit klettern die Männchen auf Pilze oder Ästchen. Mit piepsigem Quaken locken sie die Weibchen an. Jeder will der Lauteste sein. Nach der Paarung legen die Weibchen wenige Eier an feuchten Stellen auf dem Boden ab. Nachdem die Kaulquappen geschlüpft sind, nehmen die Eltern sie huckepack auf den Rücken und klettern mit ihnen auf einen Baum. Die Kleinen haben noch keine Beine und können sich nicht festklammern. Klebriger Schleim auf dem Rücken der Eltern hält sie fest. Oben in den Zweigen werden die Kaulquappen in einem Bromelientümpel abgesetzt, wo die Jungen genügend zu fressen finden.

Die Mutter des Roten Pfeilgiftfrosches versorgt ihre Jungen selbst mit Nahrung. Sie klettert auf einen Baum und sucht die Bromelientümpel ab. Die Kaulquappe schlägt mit dem Schwanz und bringt die Wasseroberfläche zum Zittern. Daran erkennt die Mutter, daß dort ein Junges lebt. Sie legt ein unbefruchtetes Ei ins Wasser. Von diesem nahrhaften Ei ernährt sich die Kaulquappe.

▲
Zwei Erdbeerfröschchen ruhen sich auf dem Schirm eines kleinen Pilzes aus.

Nahrung im Überfluß

Vogelgeschrei und das laute Schnattern der Affen kündigen es schon von weitem an: Hier gibt's was zu fressen. Sogar während der Nacht geht das Spektakel weiter. Dann schmatzen die Fledermäuse.

Weil es im Regenwald keine Jahreszeiten gibt, müssen die Tiere nicht wie bei uns auf den Herbst warten. Irgendwo trägt immer ein Baum reichlich Früchte. Besonders erfolgreiche Kundschafter sind die Schmalschnabelsittiche. Ihr Gekreische lockt andere Tiere an. Sie alle stopfen sich rasch voll und machen sich gleich wieder auf die Suche nach neuer Nahrung.

Trotzdem ist der Regenwald kein Schlaraffenland für Tiere. Nahrung im Überfluß auf den Fruchtbäumen und weite Gebiete mit Nahrungsmangel sind typisch für den Regenwald. Manchmal müssen Fruchtfresser daher weite Strecken zurücklegen, ehe sie sich satt fressen können. Deshalb ernähren sich viele Tiere nicht allein von Früchten. Die größeren Affen fressen vor allem Blätter. Für sie sind die nahrhaften Früchte ein besonderer Leckerbissen. Kleine Affen und viele Vögel ergänzen ihren Speisezettel durch das Fleisch von Insekten.

Nahrung im Überfluß: Ein Tukan frißt eine Palmfrucht, und aus dem dichten Gewirr der Zweige greift ein Klammeraffe nach einer Frucht. ▶

Ein Schwarzes Brüllaffenmännchen ruft in den Urwald. Mit seinen kräftigen Armen und dem beweglichen Greifschwanz findet er überall in den Bäumen sicheren Halt. ▶

Rasch geht die Sonne über dem Regenwald auf. Der Brüllaffenboß ist aufgewacht und begrüßt den Tag mit lautem Gebrüll. Weibchen und andere Männchen antworten. Ihr ohrenbetäubendes Konzert erfüllt den Wald. Die Rufe sind kilometerweit zu hören. Wie unsere Singvögel markieren Brüllaffen ihr Revier mit der Stimme. Wagen sich dennoch andere Affen heran, werden sie mit gezielten Ast- oder Kotwürfen vertrieben.

Brüllaffen

(6 Arten)

Größe:	50–60 cm Schwanz 60 cm
Gewicht:	5–7 kg
Nahrung:	vor allem Blätter, dazu Früchte und Knospen
Feinde:	Jaguar, Harpyie (Raubvogel)
Besondere Merkmale:	Greifschwanz; langer Darm zur Verdauung der Blattnahrung

Früchte und Knospen sind besondere Leckerbissen. Brüllaffen leben aber vor allem von Blättern, die nährstoffarm und schwer verdaulich sind. Daher müssen die Affen riesige Mengen fressen und brauchen einen besonders langen Darm.

Im Vergleich zu vielen ihrer kletternden Vettern bewegen sich Brüllaffen eher behäbig durch das Geäst. Sie können auch nicht besonders gut von Ast zu Ast springen. Aber mit ihrem kräftigen Greifschwanz halten sie sich überall sicher fest.

Wenn Brüllaffenkinder im Geäst spielen und sich gegenseitig jagen, lernen sie im Spiel alles, was sie später brauchen. Sind sie ausgewachsen, verlassen sie meist ihre Familie und schließen sich einer anderen Gruppe an.

Brüllaffen lausen sich oft gegenseitig. Das ist nicht nur wichtig zur Reinigung. Die gemeinsame Fellpflege stärkt die Zusammengehörigkeit der Gruppe. Erst sucht einer im Fell seines Nachbarn nach Schmutz und Ungeziefer. Dann dreht er sich um. »Nun bin ich dran«, soll das heißen. Zentimeter für Zentimeter säubert nun der andere den hingehaltenen Pelz.

Zwei Mantelbrüllaffen auf einem Ast. Die Jungen klammern sich an der Mutter fest.
▼

Wußtest du,

daß die Schreie der Brüllaffen bis zu fünf Kilometer weit zu hören sind?

Kletterkünstler

In den Baumkronen des Regenwaldes tummeln sich Vögel und Klettertiere. Bunte Papageien suchen nach Landeplätzen. Affen schwingen und hangeln sich durch das dichte Geäst. Daumen und Finger ihrer Hände und Füße schließen sich zur kräftigen Greifhand. Damit finden sie an jedem Ast sicheren Halt. Größere Entfernungen werden im Sprung überwunden.

Südamerikanische Affen haben sogar eine »fünfte Hand«. Ihr langer, kräftiger Greifschwanz packt sicher zu. An der Unterseite der Schwanzspitze fehlt das Fell. Mit dieser nackten Stelle umklammern sie die Äste besonders eng. Aufgehängt an Schwanz und Arm, bleibt immer noch eine Hand frei. Damit stopfen sich die Affen Blätter und Früchte ins Maul. Auch Beutelratten, Tamanduas und Wickelbären halten sich mit dem Greifschwanz bei ihren Klettertouren durch die Urwaldbäume fest.

Alle diese Kletterkünstler verlassen nur selten die sichere Welt der Baumkronen, denn am Boden bewegen sie sich langsam und unbeholfen. Deshalb werden sie dort zur leichten Beute für den Jaguar.

Sicher an Hand und Schwanz aufgehängt, greift die Affenmutter nach den Früchten. Ihr Junges mag noch nicht klettern. Auf dem Rücken der Mutter kommt es aber überall hin. ▶

▲ Breitbeinig steht ein Klammeraffe auf den Zweigen. Er hält sich mit beiden Armen und dem Greifschwanz fest.

An seinem Greifschwanz hängend, hat es sich ein Wickelbär gemütlich gemacht. Zwei Totenkopfäffchen schauen zu. ▶

Am Boden sind Faultiere hilflos. Auf dem Bauch liegend, ziehen sie sich mit den Armen zentimeterweise vorwärts. An besonderen Plätzen setzen sie ihren Kot ab. Darauf haben die Zünsler-Schmetterlinge, die im Fell des Faultieres von kleinen Algen leben, nur gewartet. Sie verlassen das Fell und legen Eier in die Kothaufen. Frisch geschlüpfte Schmetterlinge fliegen daraus auf und lassen sich im Fell des Faultieres in die Baumwipfel tragen.

Eine Faultiermutter trägt ihr Junges auf dem Bauch umher. ▶

Unendlich langsam bewegt sich ein Faultier durch den Urwald. Eine Minute vergeht. Das Faultier hat gerade einmal ein Bein vor das andere gesetzt. Dieses Zeitlupentempo und das grünliche Fell sind der beste Schutz der Faultiere. Raubtiere achten vor allem auf Bewegung. Sie bemerken den behäbigen Gesellen nicht.
Auch die bissigen, angriffslustigen Ameisen lassen sich täuschen. Daher wagen sich nur Faultiere auf Ameisenbäume. In Ruhe können sie Blätter, Zweige und Früchte mit ihren harten, verhornten Lippen abbeißen. Mit kräftigen Mahlzähnen wird die Nahrung zerkleinert. Diese Mahlzähne wachsen während des ganzen Lebens weiter.

Die kräftigen Arme und Beine der Faultiere tragen lange Krallen. Damit hängt sich das Tier mit dem Rücken nach unten an die Äste. Faultiere sind an dieses Leben „verkehrt herum" gut angepaßt. Ihr Fell ist auf dem Bauch gescheitelt. So kann das Regenwasser gut ablaufen. Die Leber, ein großes, schweres Körperorgan, liegt unter dem Magen am Rücken des Tieres.

Faultiere

(5 Arten)

Größe: 50–60 cm
Gewicht: 4–5 kg
Nahrung: Blätter, Blüten, Früchte
Feinde: Jaguar, Harpyie (Raubvogel)
Besondere
Merkmale: trinken nicht;
dichte, harte Haare, durch Algen grün gefärbt

Der Hals des Faultiers hat neun Wirbel, die es ihm ermöglichen, seinen Kopf weit nach hinten zu drehen.

Faultierkinder lassen sich bequem von der Mutter umhertragen. Sie sind aber viel behender als die Erwachsenen. Wenn die Mutter um einen Ast herumklettert, springen sie auf den Baum und umgehen das Hindernis. Daher nennen die Indios die kleinen Faultiere »Flinke Peterchen«.

Wußtest du,
daß das ausgestorbene Riesenfaultier fast so groß war wie ein Elefant und etwa 7000 kg wog?

Partner und Betrüger

An den Zweigen des Ameisenbaumes Cecropia laufen flinke Ameisen auf und ab. Sie haben ihr Nest im Innern eines hohlen Stämmchens gebaut. Immer wieder krabbeln die Ameisen zu den Ansatzstellen der Blätter, wo sie von kleinen, nahrhaften Knöllchen fressen. Damit füttert der Baum seine Ameisen. Kein Zweifel, den Ameisen geht es gut auf ihrem Baum.

Aber auch dem Baum nutzt die Partnerschaft. Versucht ein hungriges Tier die Blätter anzunagen, sind die Ameisen zur Stelle. Sie greifen den Eindringling genauso heftig an, als wäre ihr Nest in Gefahr. Auch rankende Pflanzen können einem Baum schaden. Sie umschlingen die Zweige, und ihre Blätter nehmen ihm das Licht. Die Ameisen nagen fremde Pflanzenteile ab und schützen damit ihren Baum.

Im Innern des hohlen Stämmchens haben Ameisen ihr Nest gebaut (1). Am Ansatz der Blätter bildet der Baum nahrhafte Knöllchen (2, 3) für seine Ameisen. ▼

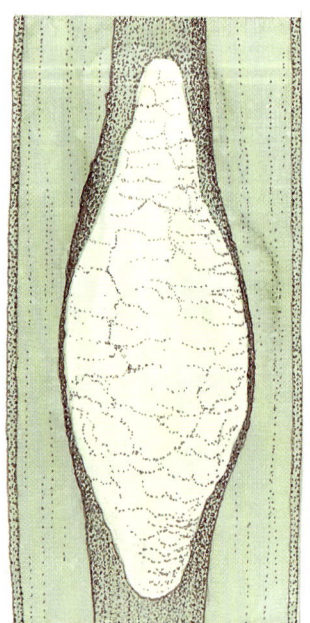
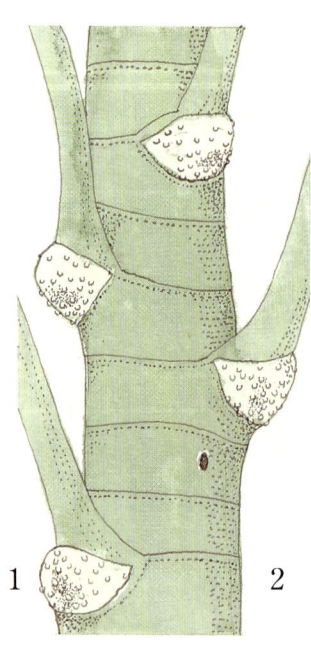

Ameisen zerbeißen eine Ranke, die den Zweig ihres Cecropia-Baumes umschlingt. ▶

◀ Echt oder falsch? Diese gelben »Eier« hat die Passionsblume selber gebildet. Damit sollen Schmetterlinge getäuscht werden.

Heliconius-Schmetterlinge legen ihre Eier auf die Blätter von Passionsblumen. Damit die ausschlüpfenden Raupen genug zu fressen finden, bevorzugen die Schmetterlinge Blätter ohne fremde Eier. Viele Passionsblumen bilden deshalb auf ihren Blättern gelbe Kügelchen, die genauso aussehen wie Schmetterlingseier. Manchmal gelingt die Täuschung: Dann fliegt der Schmetterling weiter, und das Blatt bleibt vom Raupenfraß verschont.

Ein Heliconius-Schmetterling legt seine Eier auf die Blattoberfläche. ▶

32 Der Tamandua hat ein Ameisennest aufgebrochen und steckt seine Zunge tief hinein. Mit dem Greifschwanz kann er sich auch auf Bäumen sicher festhalten.
▼

Der Tamandua

(eine von drei Ameisenbärarten)

Größe: 54-58 cm
Schwanz genauso lang
Gewicht: 3–5 kg
Nahrung: Ameisen, Termiten
Feinde: Jaguar
Besondere Merkmale: lebt an Waldrändern und in Savannen;
langgestreckte Schnauze, keine Zähne

Der Zwergameisenbär ist ein kleiner Verwandter des Tamandua. Er verläßt nie die sicheren Bäume. Gerade ist er aus dem Tagschlaf erwacht, streckt seine lange Zunge heraus und wird bald auf die Jagd gehen.

Gefahr! Der Tamandua richtet sich auf und breitet seine Arme aus. Damit droht er seinen Feinden.
▼

Es ist Nacht. Gemächlich erklettert der Tamandua einen Baum. In einer Astgabel haben Baumameisen ihr Nest gebaut. Die feste Außenwand ist kein Hindernis für den Tamandua. Er schlägt die langen Krallen seiner Hände in die Nestwand. Mit einem kräftigen Ruck reißt er ein Stück heraus. Aufgeregt krabbeln die Ameisen umher. Der Tamandua hat eine lange, röhrenförmige Schnauze mit einem winzigen Mund. Zähne braucht er keine. Er steckt seine lange Zunge ins Nest. Ameisen und ihre Larven bleiben am Speichel kleben. Wenn der Tamandua seine Zunge zurückzieht, streift er die Ameisen am Gaumen ab. Immer wieder gleitet die Zunge ins Ameisennest. Schließlich ist er satt und steigt wieder herab.

Der Tamandua ist außerordentlich stark. Wird er bedroht, richtet er sich auf und breitet die Arme aus. Kleinere Angreifer klemmt er zwischen den Handkrallen ein und hält sie sich vom Leibe. Bei größerer Gefahr läßt sich der Tamandua auf den Rücken fallen. Er faucht und wehrt sich mit Armen und Beinen.

Tamanduakinder halten sich am Fell der Mutter fest und lassen sich herumtragen. Geht sie auf Nahrungssuche, setzt sie ihr Kleines auf einem Ast ab. Wenn am Morgen die anderen Tiere des Regenwaldes erwachen, zieht sich der Tamandua zurück. Er sucht sich ein sicheres Versteck und verschläft den Tag.

Wußtest du,

daß Ameisenbären bei Gefahr einen unangenehmen Duft abgeben? Die Indios nennen sie deshalb »Waldstänker«.

Die große Überschwemmung

»Plopp«, und wieder »plopp, plopp«. Früchte fallen von den Bäumen auf die Wasseroberfläche und treiben auf dem Fluß. Er überschwemmt regelmäßig riesige Flächen des Uferwaldes. Fische, darunter auch Piranhas, sammeln sich unter den Bäumen und fressen die Früchte. In Gruselgeschichten fallen Piranhas große Tiere und sogar Menschen an und nagen sie bis auf die Knochen ab. Zwar fressen Piranhas wirklich Fleisch, hauptsächlich ernähren sie sich jedoch von Pflanzenkost.

Abseits der überschwemmten Flußufer wächst der Paranußbaum. Seine fußballgroßen Früchte fallen aus 40 Meter Höhe mit großer Wucht auf den Boden. Sofort sind die Agutis zur Stelle. Sie fressen aber nur einen Teil der Samen auf. Den Rest verstecken sie im Wald. Nicht immer finden sie alle Verstecke wieder. Dann keimen die Samen und wachsen zu einem neuen Baum heran.

Ein Aguti beißt mit seinen scharfen Nagezähnen eine Paranußfrucht auf. Ehe es den Samen fressen kann, muß es noch die harte Samenschale knacken. ▼

Mit einem elektronischen Meßgerät kann man die Stromstöße des Zitteraals sichtbar machen. ▼

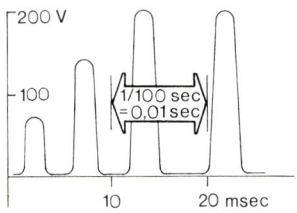

▲ Im ruhigen Wasser solcher gewundenen Flußschleifen lebt der Zitteraal.

Auf unserem Bild darf der Zitteraal in klarem Wasser schwimmen, damit du ihn gut erkennst. Die Flüsse in seiner Heimat sind schlammig und trübe. Der Zitteraal kann trotzdem ▼ mit einer Art elektrischem Radar alles gut »sehen«. Gerade hat er einen Fisch mit Stromstößen betäubt und wird gleich seine wehrlose Beute verschlingen.

Der Zitteraal

Größe: 2,40 m lang
Gewicht: 15–20 kg
Nahrung: Fische, Kleintiere
Feinde: keine
Besondere Merkmale: nachtaktives Raubtier; erzeugt Stromstöße

Wenn der Zitteraal durch das Wasser schwimmt, erzeugt er schwache Stromstöße. Hindernisse oder Beutetiere verändern die Signale. Elektrische Sinnesorgane in der Haut des Zitteraals nehmen sie wieder wahr. Hat er ein Beutetier entdeckt, betäubt er sein Opfer mit einem starken Stromstoß. Damit kann der Zitteraal sogar Menschen für kurze Zeit lähmen.

Drei Viertel des langen Fischkörpers sind wie eine lebende Batterie. Darin werden schwache Nervenströme vielfach verstärkt. Den Zitteraalen schadet der eigene Strom nicht. Man vermutet, daß sie sich mit Stromstößen verständigen. Forscher haben eine Batterie ins Wasser gehalten und Stromstöße erzeugt. Sofort schwammen neugierige Zitteraale herbei.

Die Stromstöße sind eine so furchtbare Waffe, daß der Zitteraal keine Feinde zu fürchten braucht. Meist ruht er irgendwo in einer Flußbiegung und taucht nur ab und zu auf, um Luft zu schnappen. Ein leichtes Schlängeln seiner langen Afterflosse unten am Bauch, und schon gleitet er elegant durch das Wasser.

Männchen und Weibchen des Zitteraals sehen gleich aus. Sie paaren sich an versteckten Orten.

Wußtest du,
daß Zitteraale zum Atmen an die Wasseroberfläche kommen müssen?

Wenn dieser Falter seine Flügel hochklappt, ist er nicht von einem alten Blatt zu unterscheiden. ◄

Gut getarnt

Die Nahrung für räuberische Tiere des Regenwaldes ist knapp. Sie sind dauernd auf der Suche nach etwas Eßbarem. Nichts entgeht ihren scharfen Augen. Viele kleine Tiere leben daher in ständiger Gefahr, denn sie können sich nicht wehren und sind eine leichte Beute. Um überleben zu können, sehen manche dieser Tiere genauso aus wie ihre Umgebung.

Oft reicht es aus, wenn die Tiere genauso gefärbt sind wie ihr Sitzplatz. Falter mit unregelmäßig gemusterten, grauen oder braunen Flügeln sind auf der Rinde eines Baumes nur aus nächster Nähe zu erkennen.

Andere Tiere nutzen zusätzlich ihre Körperform als Tarnkappe. Der grün gefärbte Stirnlappenbasilisk ist ein Leguan. Er paßt sich den mit Moos und Flechten überzogenen Ästen an. Seine zackige Umrißform macht ihn vor dem Hintergrund grüner Blätter fast unsichtbar. Viele Tiere sehen sogar genauso aus wie ein Blatt. Falter und Heuschrecken benutzen diese Tarnung. Wenn sie reglos auf einem Zweig sitzen, läßt sich ein Angreifer sehr leicht täuschen.

Unter den Insekten gibt es aber auch Raubtiere, die auf gute Tarnung vertrauen. Gottesanbeterinnen sind darin besonders erfolgreich. Ihre Körperform kann aussehen wie eine Blüte oder wie ein harmloses, grünes Blatt. Sie warten einfach solange ab, bis sich ein ahnungsloser Käfer nähert. Dann schnappen sie blitzschnell zu.

Obwohl die Gottesanbeterin wie ein harmloses, grünes Blatt aussieht, ist sie ein gefährliches Raubtier. Gut getarnt lauert sie auf Beute. ▼

Nur aus unmittelbarer Nähe hebt sich dieser Falter von der Rinde eines Baumes ab. ▶

Die Flügel dieser ▲ Heuschrecke sind wie ein trockenes Blatt an einer Seite ausgefranst.

Regungslos hockt ein Stirnlappenbasilisk auf einem mit Moos überzogenen Ast. ▼

Der Lebenszyklus eines Monarchen: Aus dem Ei (1) entwickelt sich eine Raupe (2). Wenn sie ausgewachsen ist, spinnt sie sich in eine Hülle, den Kokon, ein und wird zur Puppe (3). Schließlich schlüpft der ausgewachsene Schmetterling (4).

Auf der Welt gibt es über 160 000 verschiedene Schmetterlingsarten. Die meisten leben in den Tropen. Den Glasfalter erkennt man an seinen durchsichtigen Flügeln.

Zierlich leicht schwebt der Eulenfalter von Blüte zu Blüte. Im Unterschied zu vielen anderen Insekten haben Schmetterlinge keine Giftstacheln oder kräftige Kiefer zur Verteidigung. Trotzdem wissen sie sich zu helfen. Sie vertrauen auf Überraschung und erschrecken ihre Feinde. Nähert sich ein Angreifer, klappt der Eulenfalter seine Flügel hoch. Plötzlich scheinen riesige Augen den Feind anzustarren! Der erschrickt, und der Falter flattert schnell in Sicherheit.

Die Flügel eines Schmetterlings sind von unzähligen winzigen Schuppen bedeckt. Wie in einem Mosaik bilden sie Farben und Muster. Manche Flügel schillern wie ein Regenbogen, andere haben eine rauhe Oberfläche und sehen samtig pelzig aus.

Das Leben des Eulenfalters beginnt, wie das aller Schmetterlinge im Ei. Daraus schlüpft eine Raupe. Ihr ganzes Leben besteht aus Fressen. Blatt für Blatt wird abgenagt. Wie alle Insekten haben Schmetterlingsraupen eine feste Außenhaut. Sie kann nicht mitwachsen, daher muß sich die Raupe mehrmals häuten. Nach einigen Wochen, manche brauchen Jahre, ist die Raupe ausgewachsen. Sie spinnt sich eine feste Hülle und wird zur Puppe. In der Puppe verwandelt sich das Tier in einen Schmetterling. Er sprengt die Puppenhülle und entfaltet seine

Der Eulenfalter

Größe: bis 15 cm Spannweite
Nahrung: Nektar
Feinde: Vögel, Eidechsen
Besondere Merkmale: großer Augenfleck auf den Flügeln; Blütenbesuch in der Abenddämmerung

Wußtest du, daß Eulenfalter vom Duft gärender Früchte angelockt werden?

Flügel. Noch sind sie feucht und zerknittert. Die heiße Tropensonne trocknet sie schnell. Der Schmetterling kann losfliegen.

Tag für Tag wird er nun von Blüte zu Blüte flattern. Er läßt sich auf einem Blatt nieder und rollt den langen Saugrüssel aus. Damit kann er Nektar aus dem tiefsten Blütenkelch saugen.

Ein Eulenfalter saugt Nektar aus einer Blüte. Auf dem hochgeklappten Flügel ist deutlich der große Augenfleck zu sehen. ▼

Warnsignale

Taucht ein Feind auf, fliehen die Tiere. Manche verstecken sich, andere erstarren bewegungslos und vertrauen auf ihre Tarnung. Die Korallenotter hat das alles nicht nötig. Unerschrocken zeigt sie ihren auffällig gemusterten Körper. Sie ist giftig und gefährlich. Ihr tödlicher Biß wird sogar von größeren Tieren gefürchtet.

Die leuchtend rotgelben Raupen des Costa-Rica-Bläulings (kleines Bild) fressen genüßlich an einem Blatt, und kein Vogel pickt sie auf. Die Blätter sind giftig, doch den Raupen macht das nichts aus. Sie nehmen das Gift in ihren Körper auf und werden selber giftig. Die einzelne Raupe darf sich aber nicht völlig sicher fühlen, denn manchmal versucht ein junger, unerfahrener Vogel doch eine giftige Raupe zu fressen. Sofort spuckt er den ekligen Bissen wieder aus. Von nun an wird er ähnlich aussehende Tiere meiden. Weil die Freßfeinde lernen, welche Beute schmackhaft ist und welche nicht, werden giftige Tiere nicht so häufig angegriffen. Solche auffälligen Formen und Farben sichern also das Überleben der Tierart. Forscher nennen sie Warntracht, weil sie jedem Angreifer zeigen: Vorsicht! Ich bin ungenießbar!

▶ Eine Korallenotter windet sich über den Boden. Die Getüpfelte Rennechse kann gerade noch fliehen. Über ihnen, auf einem Blatt, landet ein giftiger Schmetterling.

44 Wußtest du,
daß Anakondas die größten Schlangen der Welt sind? Die bisher längste maß 14 Meter.

Eine Anakonda schwimmt in einem Fluß. Züngelnd versucht sie Witterung aufzunehmen. ◀

Ein Riesenotter hat einen Fisch gefangen. Er hat aber keine Freude an seiner Beute, denn plötzlich sieht er die Anakonda. Sie scheint auch hungrig zu sein. Wenn er nicht die Flucht ergreift, wird sie ihn fressen. ▼

Die Anakonda

Größe:	9 m lang
Gewicht:	150 kg
Nahrung:	Säugetiere, Vögel
Feinde:	Jaguar, Krokodile, Kaimane
Besondere Merkmale:	haben zwei winzige Hinterbeine, die unter den Schuppen verborgen sind

Auge in Auge stehen sich Anakonda und Riesenotter gegenüber. Wenn der Otter nicht rasch verschwindet, wird die Anakonda angreifen. Sie umschlingt ihr Opfer und quetscht es zu Tode. Die Anakonda hat keine Reißzähne, um ihre Beute zu zerkleinern. Sie kann aber ihren Unterkiefer aushaken und das Maul weit aufreißen. Daher schlingt sie auch größte Brocken in einem Stück herunter. Dabei schwillt ihr Leib mächtig an. Gesättigt zieht sich die Schlange an ein ruhiges Fleckchen zurück und verdaut ihr Mahl. Nicht immer findet die Schlange genügend zu fressen. Dann muß sie monatelang hungern. Um Kräfte zu sparen, bleibt sie fast regungslos liegen.

Anakondas halten sich meist in der Nähe von Flüssen auf. Im Wasser sind sie viel beweglicher als an Land. Sie müssen aber auf der Hut vor Krokodilen sein. Anakondas können die Körperwärme anderer Tiere wahrnehmen. Damit spüren sie ihre Beute auf.

Anakondas bringen lebende Junge zur Welt, oft sind es 30 in einem Wurf. Die kleinen Schlangen sind dann bereits 70 Zentimeter lang.

Täuschungsmanöver

Eine auffallend rot und schwarz gefärbte Schlange windet sich durch das Geäst. Ist das die gefährliche, giftige Korallenotter, die keinen Feind zu scheuen braucht? Nein, es ist die Falsche Korallenschlange. Sie ist harmlos und kann sich nicht wehren. Das wissen die anderen Tiere aber nicht. Sie sehen nur die kräftigen Warnfarben und vermeiden es, ihr zu nahe zu kommen. Viele wehrlose Tiere überleben im Regenwald nur deshalb, weil sie andere Tiere nachahmen und ihre Freßfeinde erfolgreich täuschen.

Auch die Schwärmerraupe benutzt solch einen Trick. Langgestreckt und bewegungslos wie ein dünner Zweig klammert sie sich gut getarnt an ein Baumstämmchen. Kommt ihr dennoch ein Vogel oder eine Eidechse zu nahe, richtet sich plötzlich ein Schlangenkopf auf, und große Augen starren den Feind an. Der läßt sich täuschen und ergreift die Flucht. Dabei hat die harmlose Raupe nur ihr Vorderende so weit aufgebläht, daß es wie ein Schlangenkopf aussieht. Forscher nennen solche Täuschungsmanöver Mimikry. Harmlose Nachahmer dürfen sich aber nur sicher fühlen, wenn genügend gefährliche Vorbilder denselben Lebensraum bevölkern. Nur dann können Freßfeinde die beiden nicht voneinander unterscheiden.

Gefärbt wie eine Giftschlange und doch völlig ungefährlich ist die Falsche Korallenschlange. ▶

◄ Auch die Schwärmerraupe bedient sich der Täuschung. Sie kann sich als Zweig tarnen und bleibt dann im Geäst unsichtbar. Bei Gefahr kann sie einen Schlangenkopf nachahmen.

Gemächlich streunt ein Gürteltier auf der Suche nach Beute durch das Unterholz. Äste, Zweige, sogar Dornen machen ihm nichts aus. Der dicke Panzer aus Hautknochen schützt gegen alle Verletzungen. Plötzlich hält das Tier inne. Es hat ein Ameisennest gerochen. Erde spritzt hoch. Mit kräftigen Grabfüßen buddelt das Gürteltier ein Loch. Es scheint buchstäblich in der Erde zu versinken. Mit dem langen zugespitzten Kopf wühlt es sich durch den Boden. Endlich hat es das Ameisennest erreicht. Seine wurmförmige Zunge ist mit kleinen Warzen und klebrigem Schleim bedeckt. Daran bleiben die Ameisen haften, und das Gürteltier kann sich sattfressen. Wenn es keine Ameisen findet, ernährt sich das Gürteltier auch von Schnecken, kleinen Würmern und Wurzeln.

▲ Das Riesengürteltier verläßt seine Erdhöhle. Mit einem Meter Länge ist es das größte lebende Gürteltier.

Das Neunbinden-Gürteltier hat eine Erdmulde gegraben und steckt die Schnauze tief in den Boden. Es hat Ameisen gerochen und leckt sie nun mit seiner klebrigen Zunge auf. ▶

Wußtest du, daß Gürteltiere besonders feine Nasen haben? Sie riechen sogar Würmer und Insekten, die bis zu 20 cm tief im Boden leben.

Gürteltiere

(21 Arten)

Größe:	das kleinste ist 12 cm, das größte 100 cm lang
Gewicht:	von 90 g bis 55 kg
Nahrung:	Insekten, Schnecken, Würmer und Wurzeln
Feinde:	Jaguar
Besondere Merkmale:	unbehaarter Panzer aus Hautknochen, am Bauch offen; kann 6 Minuten lang die Luft anhalten

Gürteltiere sind schnelle Läufer und rennen bei Gefahr einfach weg. Werden sie überrascht, rollen sie sich blitzschnell zu einer Kugel zusammen. Dann gelingt es selbst dem Jaguar nicht, den Panzer zu knacken.

Gürteltiere sind sehr anpassungsfähig und fühlen sich fast überall zu Hause. Bis nach Nordamerika sind sie gewandert. Forscher haben herausgefunden, daß Gürteltiere wahrscheinlich nur schwarz-weiß und nicht farbig sehen können.

Eine Gürteltiermutter bringt immer eineiige Vierlinge zur Welt. Die Kleinen sind während ihrer ersten Lebenswochen durch Hautschuppen geschützt, darunter bildet sich der harte Knochenpanzer.

Tierkinder im Regenwald

Die Tierkinder des Regenwaldes leben gefährlich. Sie können sich noch nicht wehren oder einem Feind schnell entfliehen. Viele Tiereltern versuchen daher, ihren Nachwuchs besonders gut zu beschützen. Das Weibchen der Beutelfrösche trägt die Eier so lange in einer Hauttasche auf seinem Rücken herum, bis die fertigen Kaulquappen ausschlüpfen. Die Riesenbeutelfrösche machen dasselbe sogar so lange, bis aus den Kaulquappen kleine Frösche geworden sind.

Die winzigen Kolibrijungen brauchen ein warmes Nest, sonst erfrieren sie in den kühlen Tropennächten. Daher baut die Kolibrimutter ein dichtes, weich gepolstertes Nest in einer Astgabel oder hängt es an Zweigen auf. Bis die Jungen flügge werden, versorgt die Mutter sie mit Nahrung.

Ein Beutelfroschmännchen umklammert das Weibchen und besamt die Eier (1). In einer sicheren Tasche auf dem Rücken der Mutter entwickeln sich die Eier (2). Schließlich schlüpfen die Kaulquappen aus (3).

Ein Weibchen des Riesenbeutelfrosches. Ihre Rückentasche hat sich geöffnet, und die kleinen Frösche schlüpfen ins Freie.

Ein Kolibriweibchen brütet seine Eier aus. Als Schutz vor Raubvögeln hat es das Nest an Zweigen im dichten Geäst befestigt. Die Eier liegen auf einem weichen Polster aus Tierhaaren und Spinnennetzen. Wenn die winzigen Jungen schlüpfen, haben sie es darin schön warm.
◄

Mit lautem Gekreisch erhebt sich eine Wolke regenbogenfarbener Aras in die Luft. Sie haben einen Baum entdeckt, der reichlich Früchte trägt, und lassen sich auf den Ästen nieder. Sie klettern von Zweig zu Zweig, um an die Früchte zu gelangen. An schwierigen Stellen halten sie sich mit dem Schnabel fest, bis ihre Füße wieder sicheren Halt gefunden haben. Mit einem Fuß greifen sie nach einer Frucht und führen sie zum Mund. Ihr Schnabel ist besonders groß und kräftig. Er knackt auch steinharte Nußschalen. Zuerst wird die Schale mit dem Schnabel an einer Stelle etwas dünner geschabt, dann die harte Hülle aufgebrochen. Jetzt können die Vögel den leckeren Samen verzehren. Nicht immer haben sie soviel Glück. Manchmal waren andere Fruchtfresser schneller und haben den Baum leergefressen. Dann bleiben für die Aras nur unreife Früchte übrig.

Ein Ara wacht über die fressende Gruppe. Plötzlich stößt er einen Warnschrei aus, die Schar flattert auf und verschwindet zwischen den Urwaldbäumen. Sie fliegt zum Fluß und landet an einem steilen, lehmigen Ufer. Mit dem Schnabel wetzen die Aras etwas Lehm ab und fressen ihn. Der Lehm hilft ihnen, unreife Früchte zu verdauen, ohne daß ihnen schlecht wird.

Zur Paarungszeit bringen die Aramännchen ihren Weibchen Früchte als Geschenk mit. Wenn das Weibchen auf dem Ast sitzt und die Eier ausbrütet, wird es vom Männchen gefüttert.

Wegen ihrer Schönheit und Sprachbegabung werden leider immer noch Papageien im Urwald gefangen, um sie bei uns zu verkaufen. Viele sterben auf dem Transport. Deshalb darf man in den Zoohandlungen nur Papageien kaufen, die bei uns gezüchtet wurden.

Aras

(viele Arten)

Größe:	bis 90 cm
Gewicht:	500–1000 g
Nahrung:	Früchte
Feinde:	Raubvögel, Raubkatzen
Besondere Merkmale:	benutzen ihren kräftigen Krummschnabel als Kletterhilfe

Wußtest du,

daß Aras 40 Jahre alt werden können? Die verwandten Kakadus erreichen sogar ein Alter von 120 Jahren.

Eine Gelbnacken-Amazone hat sich eine Frucht in den Schnabel gesteckt.

Ein Grünflügelara als Wachtposten beobachtet aufmerksam die Umgebung. Wenn ein Raubvogel oder ein Ozelot auftaucht, kann er die anderen rechtzeitig warnen. ▶

Menschen im Regenwald

Laut schreiend flüchten die Affen. Vögel flattern auf und fliegen weg. Heulende Motoren und kreischende Sägen haben sie vertrieben. Männer fällen mit Motorsägen einen Baum. Krachend fällt der riesige Urwaldbaum um und zerschmettert viele kleinere Bäume. Am Boden wird der Baum weiter zersägt. Bulldozer verladen das Holz auf Lastwagen. Über eine Schotterstraße, die mitten durch den Wald gebaut wurde, donnern die Lastwagen. Später wandern Bauern nach. Sie legen große Felder und Viehweiden an. Wenn sie ihren Besitz nach wenigen Jahren verlassen, bleibt unfruchtbares Land voller Gestrüpp zurück. Eingeborene Indios und Tiere können hier nicht mehr leben. Wieder ist ein Stück Regenwald vernichtet worden.

▲ Zwei Indiofrauen bereiten den Mais für eine Mahlzeit zu.

In den Dörfern der Indios leben nur wenige Menschen. Sie achten die Natur und nehmen sich nur das, was sie brauchen. ▶

Wenn dieser Raubbau nicht endet, sterben die Regenwälder.

Viele Jahrhunderte lang waren Indios die einzigen menschlichen Bewohner des Regenwaldes. Sie lebten im Einklang mit der Natur, ohne dem Wald zu schaden. Ihre Häuser bauten sie aus den Bäumen und Pflanzen des Waldes. Die Indios rodeten nur kleine Lichtungen und verbrannten Holz und Gestrüpp. In die nährstoffreiche Asche pflanzten sie Mais, Bohnen und andere Nutzpflanzen für ihre Ernährung. Nach zwei oder drei Jahren war der Boden nicht mehr fruchtbar genug, und die Indios zogen weiter. Schon zehn Jahre später wuchsen wieder Bäume. Der Regenwald hatte sich das Feld zurückerobert.

▲ Der eiserne Topf, in dem die Indiofrau ihr Essen kocht, ist eine moderne Errungenschaft.

▲ Die Indios haben Fleisch und Gemüse in große Blätter eingeschlagen und kochen das Essen auf einem Holzfeuer.

Ein Arbeiter fällt mit der Motorsäge einen Baum. ▶

Lautlos gleitet eine Langnasenfledermaus durch die Nacht. Unhörbar für menschliche Ohren stößt sie Ultraschallschreie aus. Das Echo hört sie mit ihren großen, aufgerichteten Ohren. So erkennt sie jedes Hindernis und jede Beute auch in tiefster Dunkelheit. Jetzt hat sie ein Insekt geortet und ändert die Flugrichtung. Eine rasche Wendung, ein kurzes Schnappen, und sie kann es fressen.

Langnasenfledermäuse leben nicht nur von Insekten, sondern trinken auch Nektar. Mit schwirrenden Flügeln bleiben sie vor einer Blüte in der Luft stehen und stecken ihre lange Zunge in den Blütenkelch. Die Schneidezähne von nektartrinkenden Fledermäusen stehen weit auseinander, so daß die Zunge gut hindurchpaßt. Wenn die Fledermaus die Blüte ausgeschleckt hat, fliegt sie zur nächsten. Manchmal landet sie auch auf einer Blüte und klammert sich mit den Krallen an ihr fest.

Unter den Fledermäusen gibt es viele geschickte Raubtiere. So gleitet das Große Hasenmaul auf der Suche nach Fischen über kleine Gewässer. Ihr Ultraschallradar bemerkt auch die kleinste, aus dem Wasser ragende Flossenspitze. Blitzschnell greifen die dolchartigen Krallen zu. Noch im Flug wird die Beute verzehrt.

Vampirfledermäuse landen lautlos in der Nähe schlafender Tiere und schleichen sich an. Mit ihren scharfen Vorderzähnen schaben sie winzige Wunden in die Haut der Tiere und trinken das Blut. Da sie nur wenig Blut auflecken, schaden sie den Tieren nicht.

Fledermäuse

(viele Arten)

Größe:	von 3 bis 16 cm
Gewicht:	bis etwa 40 g
Nahrung:	Insekten, Blütennektar
Feinde:	Raubvögel, Raubkatzen, Schlangen
Besondere Merkmale:	hautartige Flügel; nachtaktiv, schlafen am Tag aufgehängt an den Füßen

Im Schwirrflug schwebt die Langnasenfledermaus über einer Paradiesvogelblüte. Mit ihrer lang ausgestreckten Zunge schleckt sie daraus Nektar. ▶

Wußtest du,
daß Fledermäuse mit ihrem Ultraschallradar winzige Insekten im Flug orten können?

Wie auf ein Startsignal verlassen diese Fledermäuse eine Felsenhöhle, in der sie am Tag geschlafen haben, und gehen auf Nahrungssuche. ▼

Kennst du die Tiere im Regenwald?

Tiere im Regenwald am Ufer eines Urwaldflusses. Viele davon hast du in diesem Buch kennengelernt. Weißt du ihre Namen?

[Die Auflösung steht auf der nächsten Seite]

Auflösung von Seite 58/59

1 Hoatzin mit Jungem
2 Tapir
3 Anakonda
4 Tukan
5 Grüner Leguan
6 Ara
7 Klammeraffen
8 Dreizehen-Faultier
9 Piranhas
10 Wels
11 Heliconius-Schmetterling
12 Laubfrosch
13 Kolibri
14 Neunbinden-Gürteltier
15 Ozelot

Kleines Lexikon

Dieses kleine Lexikon findest du in jedem Kinder-Kosmos. Wenn du nun jedes Lexikon abschreibst und alles neu alphabetisch ordnest, kannst du dir selbst ein großes Kinder-Kosmos-Lexikon zusammenstellen.

Aufsitzerpflanzen Pflanzen, die nicht auf der Erde, sondern auf den Ästen und Zweigen anderer Pflanzen wachsen.

Bestäubung Blütenstaub wird in der Blüte einer Pflanze gebildet. Wenn der Wind oder ein Tier den Blütenstaub auf die Narbe einer anderen Blüte trägt, nennt man das Bestäubung.

eineiige Zwillinge Das sind zwei Menschen oder Tiere, die sich zum Verwechseln ähnlich sehen. Sie haben sich aus einer Eizelle im Bauch ihrer Mutter entwickelt. Alle haben das gleiche Geschlecht. Seltener kommt es vor, daß Drillinge oder Vierlinge geboren werden.

Falter Anderer Name für Schmetterling.

flügge Gerade aus dem Ei geschlüpfte kleine Vögel können noch nicht fliegen und werden von ihren Eltern gefüttert. Wenn die Jungen ausgewachsen sind und fliegen können, verlassen sie das Nest. Man sagt, sie sind flügge.

Freßfeind Ein Raubtier, das von anderen Tieren gefürchtet wird.

Hautknochen Das Skelett im Innern des Körpers besteht aus Knochen. Gürteltiere bilden außerdem Knochen in ihrer Haut. Sie schützen das Tier vor Verletzungen und Bissen.

Humus Blätter und Äste, die auf den Waldboden fallen, aber auch tote Tiere werden langsam zersetzt. Sie bilden die oberste Bodenschicht, die Humus genannt wird.

Indios Die Indios sind Indianer, die im Regenwald von Südamerika leben. Sie nehmen möglichst nur das aus der Natur, was sie wirklich zum Leben brauchen.

Kaste In einem Insektenstaat gibt es Kasten. Alle Tiere einer Kaste sehen gleich aus und haben die gleichen Aufgaben. Die Soldaten oder Arbeiter in einem Termitenstaat bilden eine Kaste (mehr darüber unter *staatenbildende Insekten*).

Kaulquappen Froschmütter legen Eier ins Wasser. Aus jedem Ei schlüpft eine Kaulquappe. Sie sehen gar nicht aus wie ein Frosch, sondern haben einen Schwanz und noch keine Beine. Aus den Kaulquappen entwickeln sich die Frösche.

keimen Wenn ein Pflanzensamen genügend Wasser und Wärme bekommt, bildet er eine winzige Wurzel und erste Blätter. Das nennt man keimen.

Kleinstlebewesen Viele Tiere sind so winzig, daß ihr sie mit dem bloßen Auge gar nicht sehen könnt. Erst bei starker Vergrößerung in einem Mikroskop werden sie sichtbar. Kleinstlebewesen leben im Boden oder sogar im Darm anderer Tiere.

Kokon Die Schmetterlingsraupe verpuppt sich und ruht dann sicher im Kokon. Den hat sie mit ganz feinen Fäden aus ihren Spinndrüsen gesponnen.

Kot Das ist die feste Ausscheidung (Kacke) eines Tieres. Damit werden unverdauliche Teile der Nahrung abgegeben.

Luftwurzeln Die Wurzeln von Aufsitzerpflanzen reichen nicht bis zum Boden. Die Pflanze läßt sie frei in der Luft wachsen.

Mimikry Manche Tiere ähneln einem anderen, gefährlichen Tier. Daher traut sich niemand, das harmlose Tier anzugreifen. Diese Täuschung nennt man Mimikry.

nachtaktiv Wenn Tiere am Tag schlafen und in der Nacht auf Nahrungssuche gehen, nennt man sie nachtaktiv.

Pollen Ein anderes Wort für Blütenstaub.

Revier Ein festes Gebiet, in dem ein Tier lebt und jagt.

staatenbildende Insekten Wenn viele Insekten einer Art zusammenleben, nennt man es Staat. Jedes Tier übernimmt in diesem Staat ganz bestimmte Aufgaben. An der Spitze steht die Königin, die den Staat gegründet hat und Eier legt. Arbeiter bauen das Nest, sammeln Nahrung und ziehen den Nachwuchs groß. In manchen Insektenstaaten gibt es auch Soldaten, die das Nest gegen Eindringlinge verteidigen.

Urwald Ein Wald, den die Menschen noch nicht abgeholzt oder verändert haben, ist ein Urwald. Auch der Regenwald ist ein Urwald. Er heißt so, weil es dort jeden Tag regnet. Die größten und üppigsten Urwälder wachsen am Äquator in den Tropen. Sie werden tropische Regenwälder genannt.

Warnfarben Die giftige Korallenotter oder die Pfeilgiftfrösche sind besonders auffällig gefärbt. Diese Warnfarben zeigen den anderen Tieren: Vorsicht! Ich bin gefährlich!

Wirtsbaum Aufsitzerpflanzen brauchen einen Baum, auf dem sie wachsen können. Solche Bäume nennt man Wirtsbäume.

Wurf Tiermütter bringen häufig mehrere Junge gleichzeitig zur Welt. Diese Geschwister gehören zu einem Wurf.

zersetzen Abgestorbene Pflanzenteile und Tierleichen zerfallen nach und nach in ihre Bestandteile. Dabei helfen Pilze und Kleinstlebewesen. Schließlich bleiben nur noch Nährstoffe im Boden übrig, die von den Pflanzenwurzeln wieder aufgenommen werden.

Register

Hier findest du eine alphabetische Liste von wichtigen Namen und Begriffen, die in diesem Buch vorkommen. Die danebenstehenden Zahlen zeigen dir, auf welcher Seite im Buch du mehr darüber erfahren kannst.

Aguti 34
Ameisenbär 16, 32, 33
Ameisenbaum 28, 30
Anakonda 44/45, 60
Ara 52/53, 60
Aufsitzerpflanze 18, 61
Baumsteigerfrosch 20, 21
Bestäubung 8, 61
Beutelfrosch 50
Blattschneiderameisen 14
Brüllaffe 24/25
Costa-Rica-Bläuling 42
Degenflügler 9
Dreizehenfaultier 60
Erdbeerfröschchen 21
Eulenfalter 40/41
Falsche Korallenschlange 46
Falter 38, 39, 40, 41, 61
Faultier 13, 28/29, 60
Feuerkehlkolibri 8
Fledermaus 18, 22, 56/57
flügge 50, 61
Freßfeind 20, 46, 61
Genetzter-Baumsteigerfrosch 20
Gelbnackenamazone 52
Glasfalter 40
Goldbaumsteigerfrosch 21
Gottesanbeterin 38
Grünflügelara 53
Gürteltier 48/49, 60
Hautknochen 49, 61
Heliconius-Schmetterling 60
Heuschrecke 38, 39
Hoatzin 60
Humus 14, 61
Indios 13, 20, 33, 54, 55, 61
Jaguar 10, 12/13, 26
Kaulquappe 20, 21, 50, 61
keimen 10, 61
Klammeraffe 22, 26, 60
Kokon 40, 61
Kolibri 8/9, 50, 51, 60
Korallenotter 42, 46
Kot 28, 61
Leguan 10, 13, 38, 60
Luftwurzeln 19, 61
Mantelbrüllaffe 25
Mimikry 46, 61
Monarch 40
nachtaktiv 13, 56, 62
Nektar 8, 56
Neunbindengürteltier 48, 60
Ozelot 12, 53, 60
Paradiesvogelblüte 56
Passionsblume 9, 31
Pfeilgiftfrösche 20/21
Piranhas 34, 60
Raupe 31, 40, 46
Revier 9, 24, 62
Riesenbeutelfrosch 50
Riesengürteltier 48
Riesenotter 45
Schmetterling 7, 29, 60
Schwarzer-Brüllaffe 25
staatenbildende Insekten 16, 62
Stirnlappenbasilisk 38, 39
Tamandua 16, 32/33
Tapir 13, 60
tarnen 38
Termiten 14, 16/17, 33
Termitenstaat 16
Totenkopfäffchen 26
Tukan 10, 22, 60
Warnfarben 46, 62
Wickelbär 26
Wirtsbaum 19, 62
Wurf 45, 62
Würgfeigen 18, 19
zersetzen 14, 62
Zitteraal 36/37
Zünsler-Schmetterling 28
Zwergameisenbär 33

Diese Seite heißt in der Fachsprache der Verlage „Impressum". Oft steht sie auch am Anfang eines Buches, und immer erfährt man daraus, wer dieses Buch gemacht hat: Der Autor oder die Autorin, Illustratoren und Fotografen – Männer und Frauen –, die Mitarbeiter und Mitarbeiterinnen in den Verlagen und in den technischen Betrieben wie Setzerei, Reproanstalt, Binderei und Druckerei.

Die Konzeption und Texte dieses Buches sind von Dr. Wolfgang Hensel, die Illustrationen von Hildburg Thiemeyer.

Umschlaggestaltung: Jürgen Reichert, Stuttgart, unter Verwendung einer Illustration von Hildburg Thiemeyer und zwei Farbfotos von Martin Wendler (Ozelot) und Herzog Bildarchiv (Regenbogentukan).

Mit 29 Farbfotos von:
E. J. Fittkau, Icking (S. 54 unten, 55 oben und klein rechts); M. Herzog, Kaufbeuren (S. 21 unten, 25, 38 unten); Institut für Auslandsbeziehungen, Stuttgart (S. 54 oben); E. Koy/J. Westphalen, Hamburg (S. 39 oben rechts); R. Thiele, Tübingen (S. 6, 7); M. Wendler, Welden (S. 13, 36, 40, 45, 55 unten groß); J. Westphalen, Hamburg (S. 20, 38 oben, 39 oben links); K. Wothe, München (S. 8, 9, 15, 21 oben, 52, 56) und G. Ziesler/Tierbildarchiv Angermeyer, Holzkirchen (S. 32, 48).

Dieses Buch enthält außerdem eine farbige Vorsatzzeichnung (Weltkarte) von Johannes-Christian Rost, der auch die kleine s/w-Zeichnung von Seite 36 anfertigte.

Der Autor **Dr. habil. Wolfgang Hensel** ist Biologe und hat sich als Autor und Übersetzer auf die verständliche Vermittlung seines Fachgebiets in Büchern und Zeitschriften spezialisiert. Er lebt mit seiner Familie in Bornheim-Rösberg. „Tiere im Regenwald" ist sein erstes Kinderbuch, zu dem die Gespräche und Erlebnisse mit seinem Sohn Sebastian viel beigetragen haben.

Die Illustratorin **Hildburg Thiemeyer** lebt in Zülpich. Sie ist Werbegrafikerin und Illustratorin, die bereits zahlreiche Bücher zu Naturthemen, vor allem für Kinder, illustriert hat.

Die Deutsche Bibliothek – CIP-Einheitsaufnahme
Tiere im Regenwald / Wolfgang Hensel; Hildburg Thiemeyer. – Stuttgart: Franckh-Kosmos, 1993
   (Der neue Kinder-Kosmos)
   ISBN 3-440-06461-1
NE: Hensel, Wolfgang; Thiemeyer, Hildburg

(©) 1993, Franckh-Kosmos Verlags-GmbH & Co. Stuttgart
Alle Rechte vorbehalten
ISBN: 3-440-06461-1
Lektorat: Almuth Sieben, Gisela Bauer
Printed in Italy/Imprimé en Italie
Layout: Jürgen Reichert, Stuttgart
Herstellung: Die Herstellung, Stuttgart
Satz: Utesch Satztechnik GmbH, Hamburg
Reproduktion: Master Image, Singapur
Druck und Bindung: Printer Trento S.r.l., Trento